Wahre Stärke
kommt von innen

W0270942

Die Hoffnung ist wie

ein Sonnenstrahl,

der in ein trauriges Herz dringt.
Öffne es weit und lass sie hinein.

Friedrich Hebbel

Aus dem dunkelsten Tag quillt plötzlich
das *lieblichste Licht* hervor.

Johann Kaspar Lavater

Es gibt

überall Blumen

für den,

der sie sehen will.

Henri Matisse

Die Welt ist
voll alltäglicher
Wunder.
Martin Luther

Ergreife ich die

Hand Gottes,

die mich anrührt,
dann finde ich Halt
und Geborgenheit.

Edith Stein

Glauben heißt,
auf etwas vertrauen,
das größer ist als wir.
Thomas Romanus

Versuchen wir uns doch
einmal entschieden auf die Seite
des Positiven
zu stellen, in jeder Sache.

Christian Morgenstern

Beschäftige deine Gedanken
mit Freude,
schon fühlst du,
wie das Glück erwacht.

Paul Hufnagel

Freude
ist das mächtigste
Stärkungsmittel.

Herbert Spencer

Lachen
kräftigt die
Seele.

Judy Parker

Es gibt viel Trauriges in der Welt
und viel Schönes. Manchmal scheint
das Traurige mehr Gewalt zu haben,
als man ertragen kann, dann stärkt sich
indessen leise das Schöne und
berührt wieder

unsere Seele.

Hugo von Hofmannsthal

Gott spricht: Ich lasse dich nicht fallen
und verlasse dich nicht.
Sei mutig und stark!
Josua 1, 5-6

Das Glück

wohnt nicht im Besitz und nicht
im Gold, das Glücksgefühl ist
in der Seele zu Hause.

Demokrit

Die Erde ist angefüllt mit Himmel.

Elizabeth Barrett Browning

Begegne dem,
was auf dich zukommt,
nicht mit Angst,
sondern mit Hoffnung.
Franz von Sales

Jeder neue Tag
hat zwei Griffe.
Wir können ihn am Griff
der Ängstlichkeit oder
am Griff der Zuversicht halten.

Henry Ward Beecher

Habe **keine Angst** vor schwierigen Momenten.
Das Beste geht von ihnen aus.

Rita Levi-Montalcini

Die einzigen wirklichen Feinde eines Menschen sind seine eigenen, negativen Gedanken.

Albert Einstein

Allen
Widrigkeiten
zum Trotz aus Prinzip
fröhlich bleiben,
ist Mut in seiner
höchsten Form.

unbekannt

*Die Fröhlichkeit
des Geistes ist ein Zeichen
seiner Stärke.*

Ralph Waldo Emerson

Auf Dinge, die nicht mehr zu ändern sind,
muss auch kein Blick zurück mehr fallen!
Was getan ist, ist getan und bleibt's.

William Shakespeare

Annehmen,

was ist. Sich besinnen auf das,
was jetzt zum Vorschein kommt:
Neue Wege. Neue Möglichkeiten.
Und die Chance, an allem zu wachsen
und unsere eigene Stärke
zu erkennen.

Stefanie Vey

Wenn der Weg unendlich scheint und plötzlich nichts mehr gehen will, wie du es wünschst – gerade dann darfst du

nicht zaudern.

Dag Hammarskjöld

Einfach niemals
aufgeben, sondern immer

weitergehen

und fest daran glauben, dass wir
noch viele wunderschöne Zeiten
erleben werden.

Angelika Emmert

Das Geheimnis

des Wandels: Konzentriere nicht deine ganze Kraft auf das Bekämpfen des Alten, sondern darauf, das Neue zu formen.

Sokrates

Ein neuer Weg ist das Wagnis
eines neuen Glücks.
Kirsten Schwert

Die größte Freiheit
liegt darin, dir selbst treu zu sein,
egal, was andere denken.

Carmen Steinschnack

Äußere Zwänge und
Erwartungen abschütteln,
sich frei machen
und den Weg beschreiten,
der vielleicht entbehrungsreich ist,
aber auch voll Erkenntnisgewinn
und Leben.

Justus Paul

Herr,
deine Güte reicht
so weit der Himmel ist,
und deine Wahrheit,
so weit die
Wolken gehen.
Psalm 36,6

Der Glaube

gibt uns die Kraft, tapfer zu ertragen,
was wir nicht ändern können, und
Enttäuschungen und Sorgen gelassen
auf uns zu nehmen, ohne je
die Hoffnung zu verlieren.

Martin Luther King

Das Licht des neuen Morgens legt sich auf deine Seele und im Herzen geht für dich die Sonne auf.

Paul Hufnagel

Haben wir doch
keine Sorge um das Morgen;
denken wir nur daran,

das Heute

gut zu machen; und wenn
der morgige Tag kommt, heißt es
auch wieder heute, und dann
werden wir an ihn denken.

Franz von Sales

Gott gibt uns in jeder Notlage
so viel Kraft,
wie wir brauchen.
Aber er gibt sie nicht im Voraus,
damit wir uns nicht
auf uns selbst, sondern
auf ihn verlassen.

Dietrich Bonhoeffer

Die kräftigsten Bäume wachsen unter den schwierigsten Bedingungen.

J. Willard Marriott

Es ist nicht auszudenken,

was Gott

aus den Bruchstücken unseres
Lebens machen kann, wenn wir
sie ihm ganz überlassen.

Blaise Pascal

Wende
dein Gesicht
der Sonne
zu und dem Sturm
deinen Rücken.

aus Irland

Finde den Eingang zu jenem
stillen Raum in dir selbst, setz dich und
spüre den Frieden,
schließ die Augen und atme das Glück,
so bleibst du wahrhaftig.

Angelika Emmert

Die Ruhe ist
die Quelle
jeder großen Kraft.

Fjodor Dostojewski

Die Stille

kann dich überraschen,
wenn du dich
auf sie einlässt.

Dagmar C. Walter

Beten heißt:
Aus verborgener Kraftquelle leben.

Jakob Abrell

Das Wort,

das dir hilft, kannst du dir
nicht selbst sagen.

aus Äthiopien

Eine Atmosphäre voll Zuneigung,
heilt kleine Wunden und vertreibt Sorgen,
sie bescheint den Tag mit Sonne und
wärmt unser Herz.

Elfriede Engel

Auf dem Weg durch das Leid
leuchtet uns der Glaube, stärkt uns
die Hoffnung,
tröstet uns die Liebe.

Irmgard Erath

Aus der Dunkelheit brach ein Licht
und *erleuchtete* meinen Weg.

Khalil Gibran

Tränen
reinigen das Herz.
Fjodor Dostojewski

Damit unsere Seele
keinen Schaden nimmt, müssen
wir uns Zeit nehmen für unsere Trauer,
dürfen still werden, uns zurückziehen und

dem Licht vertrauen,

das tief in uns unsere Hoffnung nährt.

Angelika Emmert

Von Zeit zu Zeit muss man sich
von einem Freund aufrichten lassen, sich
neuen Mut holen,
den man weitertragen kann.

Nina Sandmann

Eine helfende Hand

dankbar annehmen,

wenn man sie braucht,
ist ein Zeichen von Stärke.

Bernd Winkel

Wenn wir uns in einer
Krise zu bewähren haben,
dann werden uns auch
die Kräfte
zuwachsen.

Richard von Weizsäcker

Es wird alles gut, weil Gott ist.

Traugott Giesen

Auch wenn ich selber
allen Mut verliere, du, Herr,
weißt wie's mit mir weitergeht.

Psalm 142,4

Fang nie an aufzuhören,
hör nie auf anzufangen.
Cicero

Blick nach vorn an jedem Tag im Leben,
denn jeder Tag will dir auch etwas geben.

Ottilia Maag

Wenn es einen Glauben gibt,
der Berge versetzen kann, so ist es
der Glaube an die
eigene Kraft.

Marie von Ebner-Eschenbach

Was wir
loslassen,
kann uns nicht mehr
festhalten.
Ernst Ferstl

Dein Geist

wird frei,

wenn du aufhörst,
dich an das zu klammern,
was nicht zu dir gehört.

Carmen Steinschnack

Probleme sind verkleidete
Möglichkeiten.

Henry Ford

Manchmal verdanken wir gerade unseren Schwächen wichtige

Erfahrungen.

Ernst Ferstl

Habe Geduld
in allen Dingen,
vor allem aber mit dir selbst.
Franz von Sales

Bring den Menschen ans Licht, den Gott aus dir machen will!

Helmut W. Brinks

Vertraeuen wir fest

auf Gott,

dann können wir sicher sein,
dass wir nicht enttäuscht
werden.

Thomas Morus

Alle eure Sorge werft auf ihn – denn

er sorgt für euch.

1. Petrus 5,7

Das Leben schrumpft
oder dehnt sich aus, je nachdem,
wie viel Mut
wir haben.

Fanny Lewald

Dann, wenn du
dich am schwächsten
wähnst, kannst du
deine größte Stärke
entwickeln.

Ursula Kohaupt

Der Dank für Schönes,
das gewesen, gibt Kraft,
den Augenblick zu leben und Mut,
getrost nach vorn zu sehen.

Matthias Blaha

Alles, wofür wir
dankbar sind, wird zu einem
Geschenk für uns.

Thomas Romanus

Nenne dich nicht arm, weil
deine Träume
nicht in Erfüllung gegangen sind;
wirklich arm ist nur,
wer nie geträumt hat.

Marie von Ebner-Eschenbach

Für alles, was du verloren hast, hast du etwas gewonnen.

Ralph Waldo Emerson

Das ganze Leben ist ein
ewiges Wiederanfagen.
Hugo von Hofmannsthal

Du kannst nicht zurückgehen
und den Anfang ändern,
aber du kannst dort beginnen,
wo du bist, und das
Ende ändern.

C. S. Lewis

In den großen Krisen des Lebens
muss man immer
zuerst wagen;
dann kommt das Können und zuletzt
das Sehen, dass es das Richtige war.

Carl Hilty

Das Leben muss nicht leicht sein,
wenn es nur *inhaltsreich* ist.

Lise Meitner

Die Kunst ist,
einmal mehr aufzustehen,
als man umgeworfen wird.

Winston Churchill

Alles lässt sich durch *Standhaftigkeit*

und feste Entschlossenheit erreichen.

Eugen von Savoyen-Carignan

Nicht der Beginn wird belohnt,
sondern einzig
das Durchhalten.

Katharina von Siena

Alles kann ich
durch Christus, der mir
Kraft und Stärke
gibt.
Philipper 4,13

Nur der ist ein Realist, der
an Wunder glaubt.
David Ben Gurion

Man muss warten können,

das Glück

kommt schon.

Paula Modersohn-Becker

Aus dem Frieden im Herzen
ergibt sich die
Zufriedenheit
im Leben.
Marion Rabe

Bleibe bei dem, was
dir dein Herz rät;
du wirst keinen
treueren Ratgeber finden.

Jesus Sirach 37, 13

Gib das, was dir wichtig ist, niemals auf, nur weil es nicht einfach ist.

Albert Einstein

Auch aus Steinen, die einem in den Weg gelegt werden,
kann man *Schönes* bauen.

Johann Wolfgang von Goethe

Ich weiß, dass ich
jemanden in meiner Nähe habe,
dem ich rückhaltlos vertrauen kann,
und das ist etwas, was
Ruhe und Kraft
gibt.

Edith Stein

In Gottes Händen
ruht der Tag, in Gottes Händen
ruht die Nacht, und geborgen in seiner Liebe
ruht unser Leben.
Carol Ann Hierl

Die Abende gehe ich über
Feld und Flur, den blauen Himmel
über mir, um und neben mir grüne Saat,
grüne Bäume, und ich bin nicht allein;
denn der so Himmel und Erde
schuf, ist um mich
und seine Liebe
stützet mich.

Caspar David Friedrich

Es gibt nur eine Heilkraft, und das ist *die Natur.*

Arthur Schopenhauer

Draußen fühlt man sich
groß und frei
wie die große Natur, die man
vor Augen hat.

Johann Wolfgang von Goethe

Je tiefer man die
Schöpfung
erkennt, umso größere
Wunder entdeckt
man in ihr.
Martin Luther

Die Sonne geht unter,
damit Nacht werde und Menschen
sich über eine

neue Morgenröte

freuen können.

Johann Gottfried Herder

Beende jeden Tag und sei fertig
mit ihm. Morgen ist ein neuer Tag.
Beginne ihn gut.
Ralph Waldo Emerson

Es kommt vor allem darauf an,
entschlossen zu beginnen.

Teresa von Avila

Der Herr erfülle
die Wünsche deines Herzens
und lasse
alle deine Pläne
gelingen.

Psalm 20,5

Gelingen braucht viel Zeit.
Es erweist sich unter Umständen
erst viel später, so
wie eine Saat
von selbst aufgeht.

Martin Bogdahn

Alles nimmt ein

gutes Ende

für den, der
warten kann.

Leo Tolstoi

Allein vermögen wir wenig,
gemeinsam viel.

Helen Keller

Wo Menschen zusammenhalten,
öffnen sich immer wieder neue

Möglichkeiten.

Friederike Weichselbaumer

Durch nichts wird eine Freundschaft
oder eine enge Beziehung leichter begründet
oder gefestigt als durch Lachen und Weinen;
Menschen, die zusammen gelacht oder
geweint haben, können sehr leicht

gute Freunde werden.

unbekannt

An Menschen,

die fest zu uns halten,
sollten wir unbedingt festhalten.

Ernst Ferstl

Reich

machen uns Menschen,
die im Gegebenen das Schöne,
im Unscheinbaren das Besondere,
im Jetzt die Chance
entdecken.

Markus Merz

Es sind nicht
die Dinge, die uns
glücklich machen. Es
sind die Begegnungen
mit den Menschen.

Kirsten Schwert

Am Ende eines jeden Tages
ist nur wichtig, dass es einen
schönen Moment
gegeben hat, der dich lächeln ließ.
unbekannt

Jeder Augenblick, den du gut nutzt, ist ein Schatz, den du gewinnst.

Don Bosco

Es gibt zwei Arten
von Sorgen – die, gegen
die man etwas tun kann, und
die, gegen die man nichts tun
kann. Verschwende keine
Zeit an die Letzteren.

Duke Ellington

Man muss sich durch
die kleinen Gedanken, die einen ärgern,
immer wieder durchfinden zu den

großen Gedanken,

die einen stärken.

Dietrich Bonhoeffer

Aber liegt nicht in jedem
großen Augenblick, gleichviel ob er hell
oder dunkel, richtig oder falsch,

ein Glück?

Christian Morgenstern

Die Freude

an den kleinen Dingen
gehört zu den besten Freuden.

Carl Hilty

Wenn mir ein Schmerz
widerfahren ist, packt mich immer
ein doppeltes Verlangen

nach Leben –

nie eigentlich Resignation.

Franziska Gräfin zu Reventlow

Der Mensch ist *für die Freude* geschaffen.
Gott will, dass wir alle glücklich werden.

Friedrich Wetter

Es gibt Momente,
die scheinen aus einer
anderen Welt zu kommen,
so schön sind sie,
voll Glück und Liebe,
unmittelbar und zauberhaft.

Angelika Emmert

Es sind die **einfachen Dinge,**
die das Leben zu einem Fest machen.

Jeremy A. White

Man muss sich eine Welt
des Wertvollen
und Schönen schaffen.

Johannes Messner

Ab und zu
ein wenig Stille und ein
aufmerksames Herz lassen
uns auch die ganz kleinen
Freuden entdecken, die
immer irgendwo im Alltag
verborgen sind.

Irmgard Erath

Bei Gott allein
kommt meine Seele
zur Ruhe,
von ihm kommt mir Hilfe.
Psalm 62,2

Die meisten Gaben lassen
sich nicht erzwingen. Ich kann
nur die Vorbereitungen treffen und
im Übrigen mit Wachheit und

Gelassenheit

dem Erhofften entgegenleben.

Ingrid Koller

Andere Menschen sehen dich,
dein gutes Herz
und deine schöne Seele. Glaub daran,
glaub an dich und verstehe, wie wertvoll du bist.

Elfriede Engel

Die Freundlichkeit,

die du dir selbst schenkst,
ist die Grundlage für den Frieden,
den du mit anderen teilst.

Carmen Steinschnack

Jede Begegnung kann zu einem
kleinen Fest werden, wenn dabei ein
wärmendes Lächeln,
ein verständnisvolles Wort, eine nette Geste
oder ein versöhnlicher Händedruck
enthalten sind.

Kurt Haberstich

Das Geheimnis, mit allen
Menschen in Frieden zu leben,
besteht in der Kunst,
jeden seiner Individualität
nach zu verstehen.
Friedrich Ludwig Jahn

Das Gute und Schöne

in unserem Leben. Es in allen Dingen
zu erkennen und zu sehen, sich darüber
zu freuen, daran zu wachsen, es vorzuleben,
es anderen nahezubringen, es in unserem
Handeln zu beweisen ist, eine
Menschen-Aufgabe zu leisten.

Horst Reiner Menzel

Ich denke immer, das beste Mittel,
Gott zu erkennen, ist,
viel zu lieben.

Vincent van Gogh

Der Geist, der unverrückbar
an ein fernes,
schönes Ziel
glaubt, vermag die Lebenskraft
zu erhalten, die ihn über
den Alltag hinwegführt.

Gustav Stresemann

Am Anfang war der Gedanke; Gedanken *sind Kräfte*, Auslöser von Taten.

Zenta Maurina

*Wer Großes versucht,
ist bewundernswert,
auch wenn er fällt.*

Seneca

Und gerade dadurch, dass man sich irrt,
findet man manchmal *den Weg.*

Vincent van Gogh

Der Sinn des Lebens

besteht nicht darin,
ein erfolgreicher Mensch zu sein,
sondern ein wertvoller.

Albert Einstein

Das wahre Glück liegt
in der Erkenntnis, dass Gott dich liebt,
so wie du bist.
Dieter Letter

Was kommen will – annehmen,
wie es ist, damit wir das Beste daraus
machen können. Was gehen will –
gehen lassen, damit es als schöne

Erinnerung

bleiben kann.

Irmgard Erath

Sammle deine *hellsten Stunden* ein

und bewahre sie wie einen Schatz für dunkle Tage.

unbekannt

Besinnung
auf das Wesentliche ist der beste Weg,
stressige Zeiten gelassen zu meistern.
Marielle Schumann

Gott gebe mir Gelassenheit,
Dinge hinzunehmen, die ich nicht
ändern kann, den Mut,

Dinge zu ändern,

die ich ändern kann,
und die Weisheit, das eine
vom anderen zu unterscheiden.

Reinhold Niebuhr

Der einzige Sinn
unseres Lebens ist es,
zu sein, was wir sind,
und zu werden, was uns
zu werden gegeben ist.

Robert Louis
Stevenson

Dein Leben
ist der kostbarste Schatz,
den du besitzt.
Es gehört dir ganz allein.

Gabriela Buchholz

Wir brauchen nicht so fortzuleben,
wie wir gestern gelebt haben.
Macht euch nur von dieser Anschauung los, und
tausend Möglichkeiten
laden uns zu neuem Leben ein.

Christian Morgenstern

Du kannst das Leben
nicht verlängern, noch verbreitern,
nur vertiefen.
Gorch Fock

Denn das liegt jetzt in

meiner Macht:

meinem Leben die Richtung

auf das Gute zu geben!

Leo Tolstoi

Der Grund, warum Vögel fliegen können
und wir nicht, ist der, dass sie
voller Zuversicht
sind, und wer zuversichtlich ist,
dem wachsen Flügel.
James Matthew Barrie

Ich kann in jedem Moment
meines Lebens etwas dafür tun, dass
in der Zukunft
die Vergangenheit
gut gewesen sein wird.

Reinhold Bertsch

Das ist Lebenskunst:

Sich verzaubern lassen
vom Zauber des Augenblicks.

Peter Friebe

Es gibt so vieles Schöne,
Gute, Wahre;

wie bin ich dankbar,

dass ich Mensch sein darf und immer
Neues solcher Art erfahre!

Christian Morgenstern

Glück ist jeder Moment des Lebens,
den ich als Geschenk annehmen kann.

Carola Otterstedt

*Das Leben
ist ein Wunder –
lebe es als solches.*

Gudrun Kropp

Das Leben, das *Gott mir schenkt,*
erneuert sich jeden Tag.

2 Kor 4,16

Wir von GROH wollen die Welt ein bisschen verschönern – mit liebevollen Geschenken, die glücklich machen.

GROH.DE

@die_geschenkverlage

Besuchen Sie uns im Internet: www.groh.de

© 2025 Groh Verlag. Ein Imprint der Verlagsgruppe Droemer Knaur GmbH & Co. KG
Maria-Luiko-Straße 54, 80636 München

Alle Rechte vorbehalten. Das Werk darf – auch teilweise – nur mit Genehmigung des Verlags wiedergegeben werden. Die Nutzung unserer Werke für Text- und Data-Mining im Sinne von § 44b UrhG behalten wir uns explizit vor.

Textnachweis: Wir danken allen Autoren bzw. deren Erben, die uns freundlicherweise die Erlaubnis zum Abdruck von Texten erteilt haben, sowie Herrn Ernst Ferstl, www.gedanken.at

Bildnachweis: Cover: Shutterstock.com; S. 45: Giacomo Augugliaro/Getty Images; Illustrationen im Innenteil: Knstart Studio/stock.adobe.com (Vögel); Anastasiya Shmakova/stock.adobe.com (florale Rahmen); TWINS DESIGN STUDIO/stock.adobe.com (große Blätter); alle anderen Fotos: Shutterstock.com.

Cover: Katja Heller
Layout: Doris Wohofsky
Satz: Petra Schmidt Grafik Design
Redaktion: Ursula Kohaupt
Gesamtherstellung: Printfactory, Istanbul

ISBN 978-3-8485-0364-3

Kontaktadresse nach EU-Produktsicherheitsverordnung:
produktsicherheit@droemer-knaur.de

MIX
Papier | Fördert gute Waldnutzung
FSC® C130076
FSC www.fsc.org

1 2 3 4 5